Issis Egi Flandorffer

APULEYO EDICIONES   FOMENTO DE VALORES   CUENTOS ILUSTRADOS

EL LOBO Y LA LUNA LLENA

APULEYO EDICIONES   FOMENTO DE VALORES   CUENTOS ILUSTRADOS

A mis hijos, Aaron y Liara, gracias por ser mi inspiración.

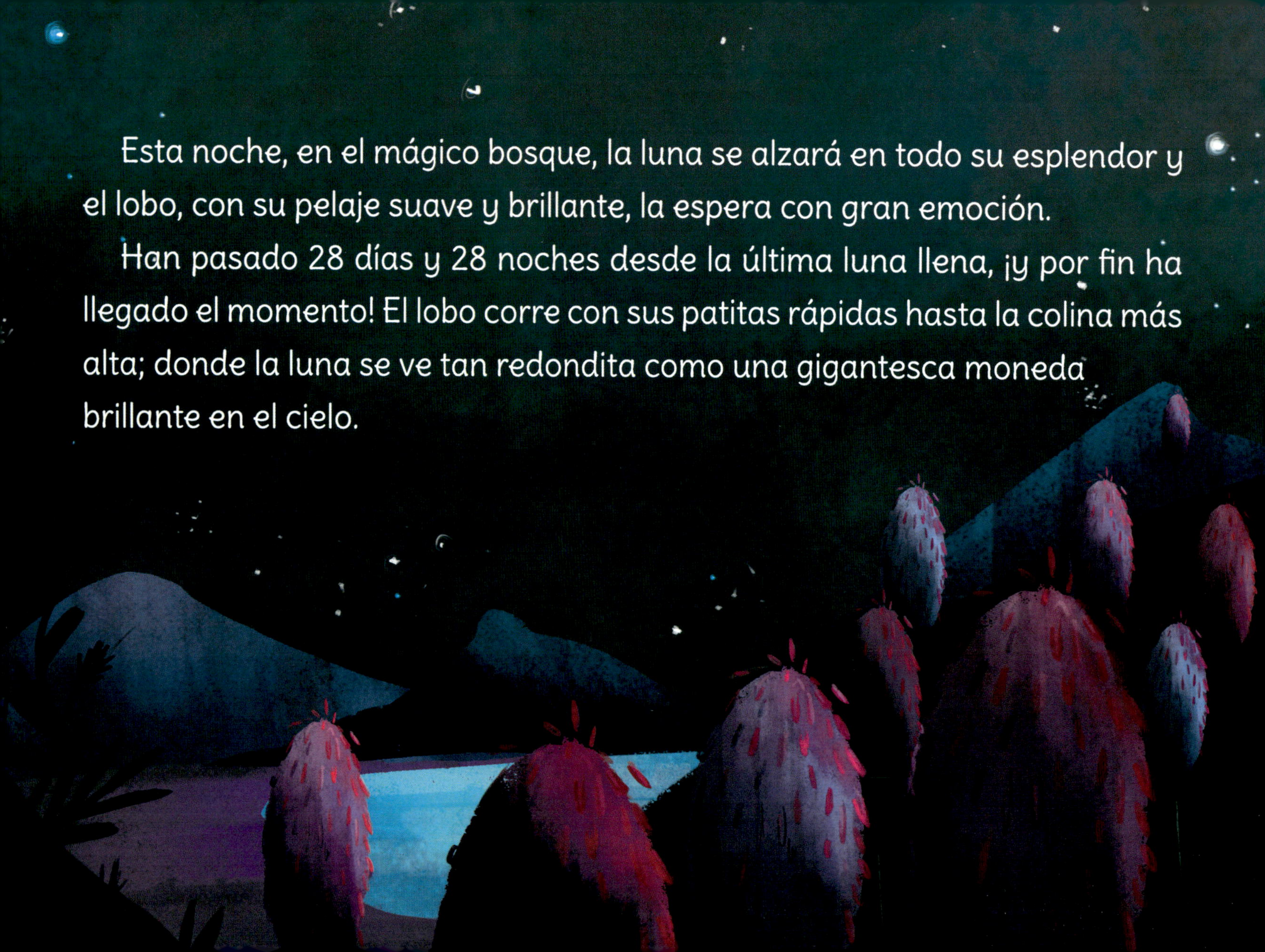

Esta noche, en el mágico bosque, la luna se alzará en todo su esplendor y el lobo, con su pelaje suave y brillante, la espera con gran emoción.

Han pasado 28 días y 28 noches desde la última luna llena, ¡y por fin ha llegado el momento! El lobo corre con sus patitas rápidas hasta la colina más alta; donde la luna se ve tan redondita como una gigantesca moneda brillante en el cielo.

Con sus ojitos brillando de felicidad, el lobo se pone en posición firme y respira hondo, listo para soltar un aullido que conmoverá al bosque entero y a las tribus que lo rodean: "Aaaaaauuuuuuuuuuuuuuuuu".

El sonido viaja a través de los árboles y, poco a poco, se une el canto de otros animales nocturnos al suyo. Los búhos ululan con sus "uhu, uhu", y las luciérnagas parpadean como pequeñas estrellas danzantes a su alrededor. El lobo se siente lleno de vida y alegría cuando comparte su canción con el mundo.

Aunque es un lobo solitario, siempre espera este mágico momento para expresarse y comunicarse con el bosque. Sueña con tener amigos peludos con quienes compartir su pasión por la luna llena. ¡Pero, por ahora, seguirá aullando con todo su corazón cada vez que la luna brille en el cielo!

Cuando los humanos que viven en el valle escuchan aullar al lobo, saben, sin duda, que la luna está completamente llena; que las mareas suben y que es buen momento para sembrar los frutales. Además, es muy recomendable cortar sus cabellos para que crezcan sanos y fuertes. Muchas veces, cuando alguna madre lleva un bebé en su vientre, la luna llena podría incluso ayudar a que comience el parto.

Sin embargo, con cada día que pasa, el lobo solitario anhela cada vez más el encuentro con la luna llena. La espera se hace eterna.

Una noche, sin dudarlo, rompe todas las reglas y comienza a aullar en luna nueva. Luego, en luna menguante y finalmente también en luna creciente.

Sus aullidos resuenan por todo el valle, desafiando el tiempo y las tradiciones establecidas.

La confusión se apodera de los humanos de la tribu que viven cerca y, al escuchar aullar al lobo, comienzan sus dudas. Están desorientados. Creen que ha llegado la luna llena cuando escuchan aullar al lobo, pero al mirar el cielo despejado, solo encuentran una tenue media luna o, en ocasiones, ninguna luna en absoluto.

La incertidumbre y el misterio se extienden por el valle.

La tribu, preocupada por los aullidos del lobo en las noches equivocadas, se inquieta y comienza a temer que alguna amenaza aceche el valle. Buscan desesperadamente señales de peligro: incendios, inundaciones o cualquier muestra de que algo malo estuviera por ocurrir. Pero, al cabo de unos días, se dan cuenta de que el lobo no aúlla por ningún peligro real.

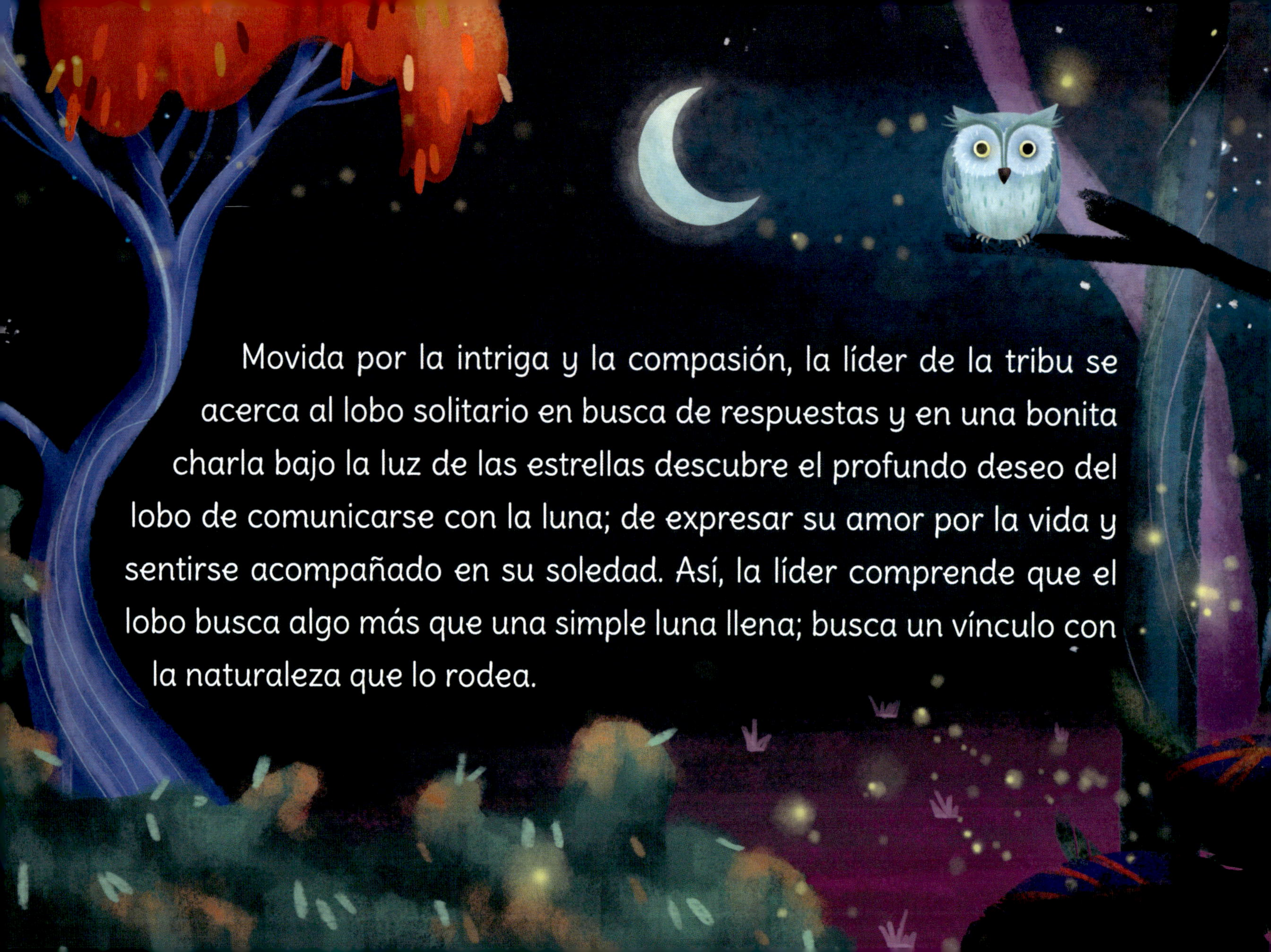

Movida por la intriga y la compasión, la líder de la tribu se acerca al lobo solitario en busca de respuestas y en una bonita charla bajo la luz de las estrellas descubre el profundo deseo del lobo de comunicarse con la luna; de expresar su amor por la vida y sentirse acompañado en su soledad. Así, la líder comprende que el lobo busca algo más que una simple luna llena; busca un vínculo con la naturaleza que lo rodea.

Con sabiduría, la líder de la tribu explica al lobo la importancia de su aullido en las noches de luna llena. Le cuenta cómo sus aullidos ancestrales han guiado a la tribu en momentos cruciales: para sembrar los cultivos, cortar los cabellos, en muchas ocasiones dar la bienvenida a nuevos miembros de la tribu, y otras tantas mágicas expresiones de la naturaleza.

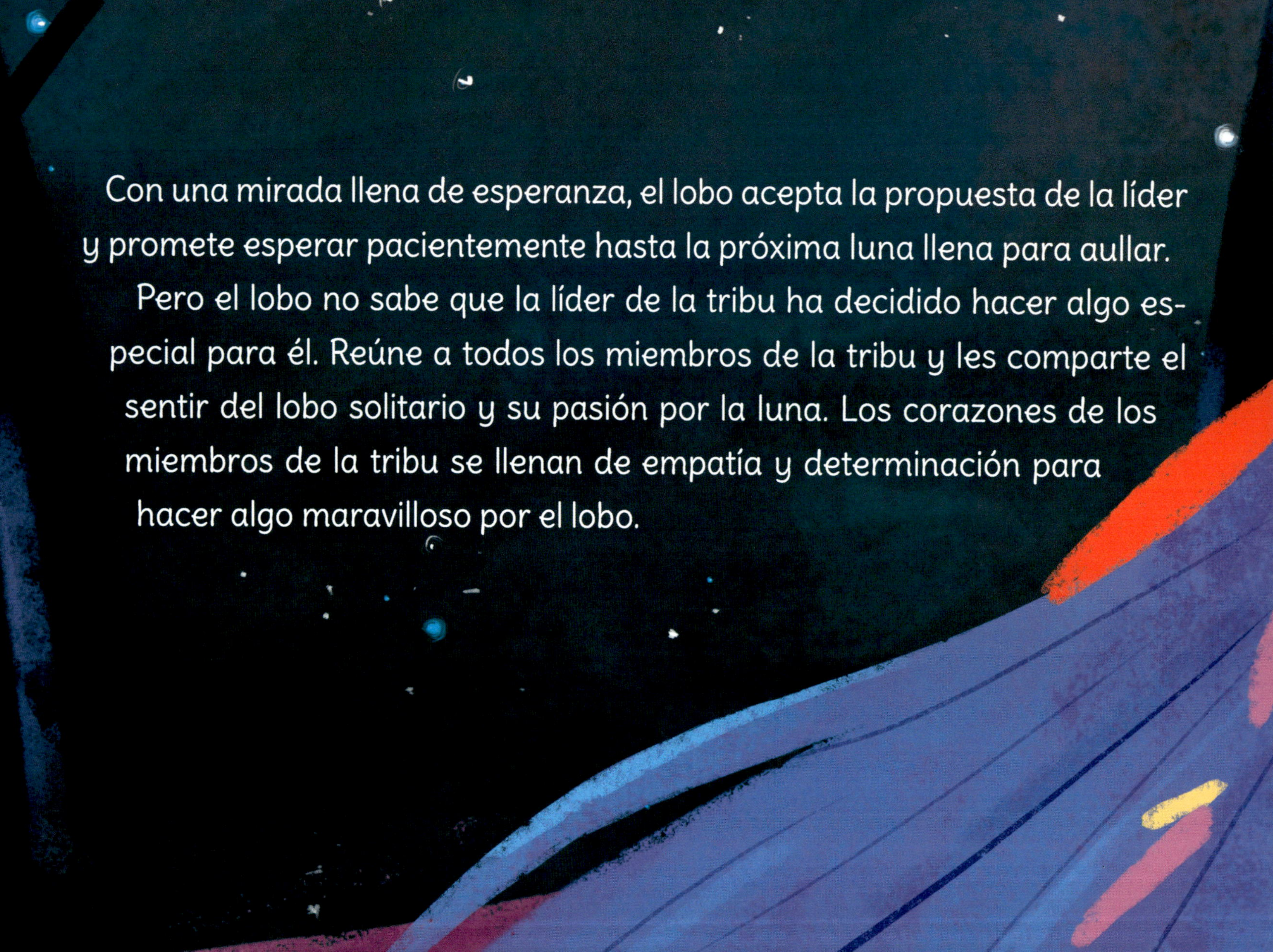

Con una mirada llena de esperanza, el lobo acepta la propuesta de la líder
y promete esperar pacientemente hasta la próxima luna llena para aullar.
Pero el lobo no sabe que la líder de la tribu ha decidido hacer algo es-
pecial para él. Reúne a todos los miembros de la tribu y les comparte el
sentir del lobo solitario y su pasión por la luna. Los corazones de los
miembros de la tribu se llenan de empatía y determinación para
hacer algo maravilloso por el lobo.

La noche de luna llena llega finalmente y el lobo solitario está lleno de emoción. Pero esta vez siente que algo es diferente.

Cuando comienza a aullar, de repente, escucha otros aullidos uniéndose al suyo. La tribu ha decidido unirse al lobo en su amor por la luna llena y han encontrado una forma de agradecer al lobo por su paciencia.

El lobo, sorprendido y alegre al mismo tiempo, miró a su alrededor y vio a los miembros de la tribu sosteniendo antorchas y aullando junto a él. Pero también vio algo más allá de la tribu: una manada lejana de lobos había sido atraída por la tribu para hacerse amiga del lobo solitario.

El lobo se siente acogido por el amor y la amistad de la tribu, y por el hecho de que ha encontrado, finalmente, otros lobos con quienes compartir su pasión por aullar a la luna llena.

Aúlla más fuerte que nunca junto a la manada de lobos. Mientras, en la tribu celebran toda la noche alrededor de una gran fogata, descubriendo que la magia de la luna llena brilla más intensamente cuando se comparte con aquellos que amamos.

A partir de esa noche, el lobo, que ya no era solitario, comenzó a sentir cómo la amistad, la comprensión y la unión con la naturaleza pueden iluminar, incluso, las noches más oscuras y solitarias, y que la paciencia siempre tiene su recompensa.

© Issis Egi Flandorffer (de la obra)
©Apuleyo Ediciones (de esta edición)
Primera edición en Apuleyo Ediciones: noviembre 2024
Diseño de cubierta: Ernesto Pérez Martínez
Corrección: Aitor Andreu Guerrero
Maquetación: Sofía Corzo González
Ilustraciones: Diana Valdayo

Coordinación editorial: Isidoro Cidre González
info@apuleyoediciones.com
www.apuleyoediciones.com
ISBN: 978-84-19938-63-3
Depósito legal: H 309-2023

Hecho e impreso en España.